# 太好玩了！古代人的日常生活

东寻 著

石油工业出版社

图书在版编目（CIP）数据

太好玩了！. 古代人的日常生活 / 东寻著. —北京：石油工业出版社，2022.3
ISBN 978-7-5183-5008-7

Ⅰ. ①太… Ⅱ. ①东… Ⅲ. ①中华文化-青少年读物 ②社会生活-中国-古代-青少年读物 Ⅳ. ①K203-49 ②D691.93-49

中国版本图书馆CIP数据核字（2021）第247716号

太好玩了！古代人的日常生活

东寻　著

出版发行：石油工业出版社
　　　　　（北京市朝阳区安华里二区1号楼　100011）
网　　址：www.petropub.com
编 辑 部：（010）64253667
图书营销中心：（010）64523731　64523633
经　　销：全国新华书店
印　　刷：优速（天津）印刷有限公司

2022年3月第1版　　2022年3月第1次印刷
880毫米×1230毫米　　开本：1/32　　印张：5
字数：90千字

定价：39.80元
（如发现印装质量问题，我社图书营销中心负责调换）
版权所有，侵权必究

作者：东寻

幽默风趣，能写会画，
超级勤奋，从不自夸。

别夸我啦，
我超忙的，
没时间说谢谢我哦！

## 水豚君

搞怪小天使，呆萌万人迷，
与人为善第一名。

> 别担心，
> 我完全没有被卡住，
> 再废话揍你哦！

## 小嘿

已经3秒没有发脾气的猫型"暖心宝"，
用最臭的脸做最暖的事。

> 我的照片好笑吧？
> 你倒是笑啊，
> 我正想找个人
> 磨爪子呢！

# 目录

1. 古代人的衣服，是用树叶做的吗？ ...... 001
2. 回到古代，怎么买冰棍？ ...... 006
3. 古代小朋友用乌龟当作业本吗？ ...... 011
4. 古代有"灭蚊者联盟"吗？ ...... 018
5. 古代人计时靠烧香吗？ ...... 022
6. 回到古代，玩点什么好呢？ ...... 027
7. 古代人怎么发消息？ ...... 032

8 开箱啦，古代人坐过的家具 ……038

9 古代也有期末考试吗？……043

10 古代人如何取火？……048

11 古代人也放假吗？……053

12 古人灭火只能靠下雨吗？……059

13 在古代，搞错颜色可能会要命！……064

14 古代人照明只能靠月亮吗？……068

**15** 古代人晚上不出门是因为有妖怪吗？ ...... 072

**16** 古代人旅游一次会走断腿吗？ ...... 076

**17** 古代人的屋顶上为什么站着怪物？ ...... 082

**18** 古代人洗澡只能去河里吗？ ...... 086

**19** 古代运动会是什么样？ ...... 091

**20** 古代人怎么照镜子？ ...... 096

**21** 走，去古代吃个饭！ ...... 100

**22** 古代的"隐身侠" ...... 105

23 古代"电影院"里，能看点什么？ ...... 110

24 武功天下第一，也要考试 ...... 114

25 古代人怎么过春节？ ...... 119

26 洗澡都要过个节，奇怪的节日风俗 ...... 124

27 古代的交通规则 ...... 129

28 古代人的闹钟 ...... 134

29 来恶魔饭店，学点吃饭的礼仪 ...... 139

30 古代衣柜里的奇怪衣服 ...... 146

# ① 古代人的衣服，是用树叶做的吗？

古代人的衣服，是用树叶做的吗？
没错！在原始社会，古人捡到什么，就穿什么。
树叶啦，树皮啦，野草啦，往身上一披，就是衣服！

春天的裤子

但是，秋天一到，树叶掉光。
屁股都要冻掉了，怎么办？

秋天的裤子

于是，古人开始捕捉动物，用动物的皮毛来做兽皮大衣。

可是，有些动物十分危险。

古人想抓动物做衣服，动物还想抓古人当早饭呢！

这时，古人发现了一种可爱的小虫子——**蚕**。

蚕吐的丝，可以加工成线，线又可以编成丝织品。

是蚕茧，不是木乃伊啦！

古人还从蓝草、槐树花等植物里提取染料,把丝织品染得五颜六色。

有了色彩丰富的丝织品,就可以用来缝制各式各样的衣服啦!

除了蚕丝,古人也用**麻**和**葛**(gě)**纤**(xiān)**维**(wéi)来做织布的原料。

### 知识拓展

1930年,在北京的周口店,考古学家发现了一些神秘的"针"。

这些"针"居然来自3万年前!

> 大家好,我是水豚(tún)君。

水豚君拜托大家猜猜看，这些"针"是用来做什么的呢？

兵器！

打针治病！

答案公布：是缝衣服！

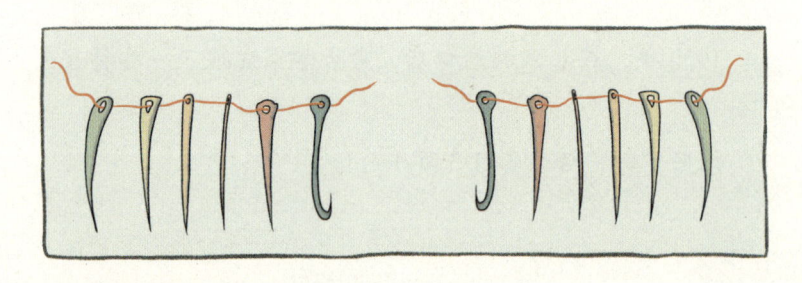

考古学家发现，这些"针"由骨头磨成，"针"上有穿线用的针孔，针尖十分锐利。

而制作这些"骨针"的，是生活在大约 3 万年前的**山顶洞人**！

也就是说，早在 3 万年前，人类就已经学会做针线活了。

可惜，那时的人类不会织布，只能用动物的皮毛来缝一些简单的衣服。

传说，黄帝的妻子嫘（léi）祖学会了养蚕、取丝、织布，终于使人们穿上了柔软又舒适的衣服。

因为有这样的伟大成就，后人便称嫘祖为"华夏母亲"！

## 2 回到古代，怎么买冰棍？

古代人没有电冰箱，那么，要怎么搞到冰块来做冰棍呢？首先，古人需要这些东西。

凳子　铲子　凿子　笑话书

现在，让我们进入古代直播间，一起来看看主播小李，是怎么取得冰块的吧！

第1步
带上小板凳，
坐到河边。

太好玩了！

第 2 步
看 1000 本笑话书,冬天就到了吧……

第 3 步
去结冰的河面挖冰块,再挖一个很深的地下室,把冰块保存在地下室里。

古代人的日常生活

007

第 4 步
再看 1000 本笑话书，夏天就到了。

第 5 步
经过了漫长的一年，我们终于来到了最后一步：取出冰块，做成冰棍！

危险动作，请勿模仿。

太好玩了！

## 知识拓展

宋朝有个皇帝,叫**宋孝宗**。

有一天,宋孝宗对大臣说:"朕前饮冰水过多,忽暴下。"什么意思呢?

就是"皇帝我啊,前几天冰水喝多了,结果疯狂地拉肚子了。"

那么,是什么样的技术,让没有冰箱的古代人喝冰水喝到拉肚子呢?

其实,早在3000多年前的商朝,古人就已经知道如何保存冰块了。

冬天,去结冰的河面上,挖很多很多冰块。

然后,建一个地下室,用来保存冰块。

第二年夏天,再把冰块取出来。

冰块上放点水果,或者加点糖,就成了简单的冷饮。

那么,古人的冷饮店里,具体都有些什么呢?

春秋:冰镇米酒

唐朝:冰镇糖水

宋朝:冰镇酸梅汤

元朝:冰镇牛奶加甜果浆

古人的智慧虽然难得,但是……
水豚君表示,这些冰块,其实超脏的!

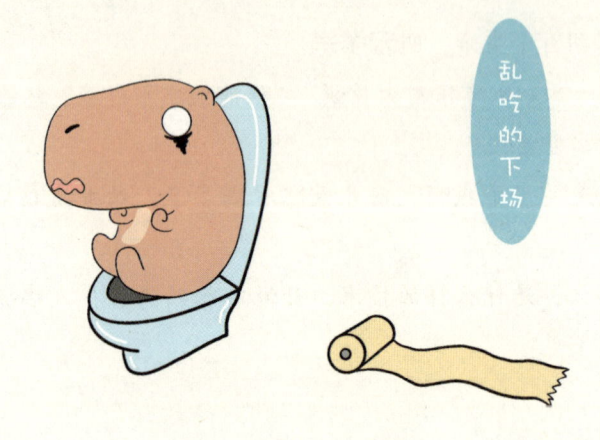

乱吃的下场

河水中含有污泥、寄生虫、动物粪便,以及各种细菌。

食用河水结成的冰块,有时会给人带来致命的疾病!
宋朝皇帝喝了冰水,只是拉了几天肚子,应该谢天谢地了。

太好玩了!

# 3

## 古代小朋友用乌龟当作业本吗?

听说,古代先民用乌龟壳、竹子来写字。
这是真的吗?
那古代小朋友写作业,是不是要先去抓乌龟?
好吧,故事,要从一只强壮的乌龟说起。

单手碎石,天下无敌!

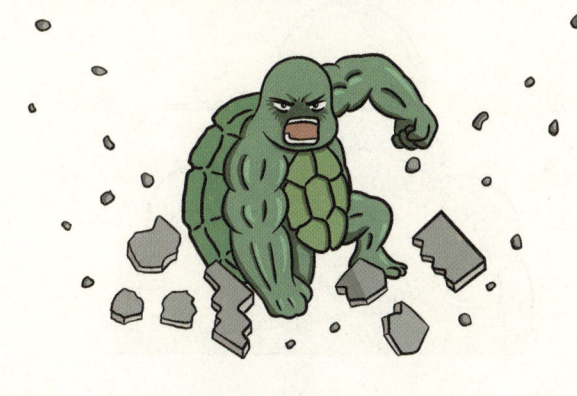

直到，有一天……

小龟龟回想起了被人类抓捕的恐惧！

从此，留下抹不去的痕迹……

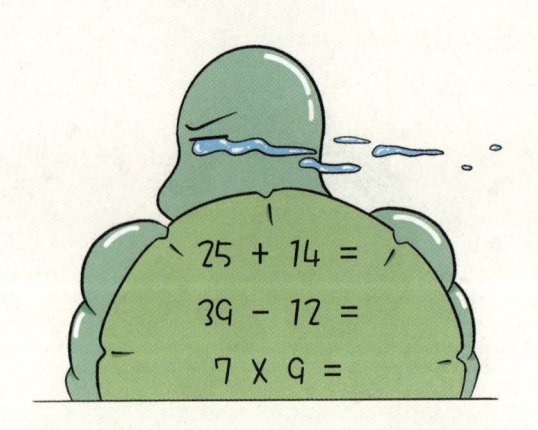

25 + 14 =

39 - 12 =

7 × 9 =

太好玩了！

小龟龟忍不住要问了:"天啊,为什么?"
忽然,水豚君从天而降!

因为啊,你生活在"甲骨文"时代,这里的人喜欢用龟壳和兽骨写字。

你谁啊?

那小朋友们写作业都要先去抓乌龟了?

龟甲和兽骨是用来记录超级大事件的!

比如，我今天吃了三顿饭这种？

不行！

写作业不用龟壳，那小朋友为什么抓我？

抓着玩儿呗！

能不能送我去一个不用乌龟壳写字的地方？

没问题！让我用时光机送你去未来，那里的人都是用纸写字的。

坚定

太好玩了！

时光机

你给我等等!为什么你的时光机长得像锅一样?!你想煮了我吗?!

知识拓展

古人都用过什么奇怪的写字工具呢?

### 1. 青铜器

远古时期,古人铸造了一种青铜器,叫做"鼎"(dǐng),鼎可以用来烹煮和盛肉。

还有一种青铜器,叫作"钟",钟是一种乐器。

古人会在鼎和钟上铸刻文字,像是名字啦,出生日期啦,

还有重大事件。所以，这种文字也被称为"钟鼎文"。

缺点：贵族专用，百姓靠边。

## 2.甲骨

在龟甲和兽骨上刻的文字，叫做**甲骨文**。

主要的用途是，占卜和记录大事件。

缺点：贵族专用，百姓靠边。

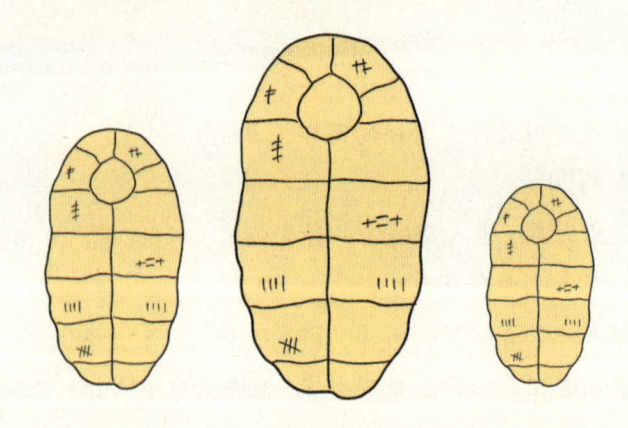

### 3. 竹简

竹简是我国历史上的一种"书籍"形式。

竹子生长快,分布广,做成竹片就能用来写字。

缺点:写一本书,要用一推车竹简,非常沉重,不方便携带。

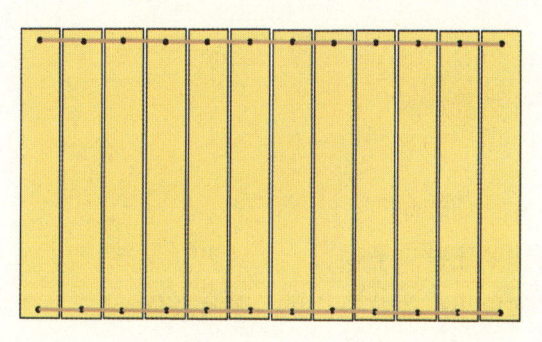

### 4. 纸

西汉时期,我们中国人发明了纸。

东汉时期,蔡伦改进了造纸术,让造纸变得更容易,纸的质量也更好。

从此,纸张慢慢替代竹简,得到不断推广和普及,进入了千家万户。

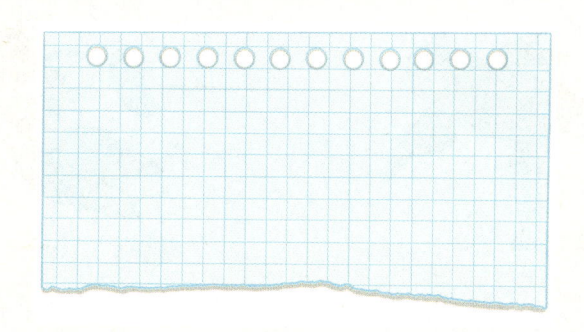

# 4
## 古代有"灭蚊者联盟"吗？

夏天什么最烦人？
作业！
比作业更烦的呢？
写着作业还被蚊子咬！
为了消灭小小的蚊子，我们现代人有什么？
花露水，蚊香，电蚊拍，灭蚊灯，蚊帐……
那么，古人怎么驱赶蚊子呢？

**拖鞋？**

板凳？

拳头？

一点用都没有……

这时，四本秘籍重现人间！

集齐四个元素，就可以组成"灭蚊者联盟"！

古代人的日常生活

## 知识拓展

古人的驱蚊工具，四大元素身世大揭秘！

### 1. 火绳

古人发现，蚊子很讨厌艾草燃烧时产生的烟雾。

于是，古人将艾草晒干，扎成一捆做成火绳，每天烧一点，用来赶蚊子。

但是，火绳产生的烟雾很呛人，烧得太猛，邻居还会以为你们家着火啦！

### 2. 香囊（náng）

在一个小布袋里放上薄荷、藿香等中药材，通过强烈的味道赶走蚊子。

但是，挂上这么香的小袋子，蚊子是赶跑了……

会不会有别的动物觉得，你闻起来很好吃呢？

太好玩了！

*你闻起来像加了佐料哦!*

### 3. 青蛙

是的,你没看错!
古人真有在自己家里养青蛙捉蚊子的!
然后,青蛙一叫,你就别想睡了。

*呱! 呱! 呱!*

### 4. 蚊帐

没有烟的呛人,也没有青蛙的吵闹,从古代到现代,蚊帐都一直被人使用,足以证明它在驱蚊界的地位。

*蚊帐不是用来扮幽灵的好吗?*

但如果有蚊子飞到蚊帐里,你就成了蚊子那豪华包间里的大餐了!

古代人的日常生活　　　021

## 5 古代人计时靠烧香吗？

古代人没有手表和手机，那古代小朋友出去玩，怎么跟家长约定时间呢？

第一招，一炷（zhù）香的时间。

第二招，日出而作，日落而息。

小注释：由于地理位置很特别，南极和北极差不多有半年是白天，又有半年是黑夜，这种现象叫做"极昼"和"极夜"。

## 知识拓展

古人有时会用"烧一炷香的时间"，或者"喝一盏茶的工夫"，来估算时间。

但是，这些计时方式并不是很准确。

那么，有没有更准确的计时方法呢？

### 1. 日晷（guǐ）

古人将一个圆盘划分成很多小格子，中间立一根棒子。

在太阳的照射下，棒子的影子会发生变化。

人们通过影子的方向和长短来判断是几点。

缺点：没有太阳看你怎么用！

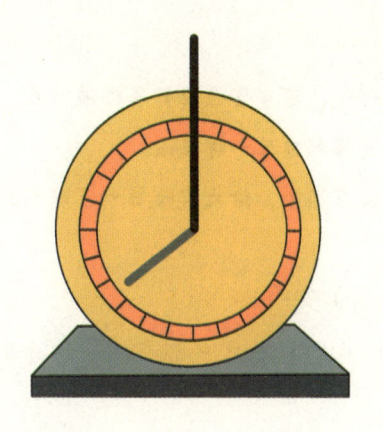

## 2. 滴漏（lòu）

先准备一个铜壶，我们叫它1号壶。

在1号壶里装上水，然后开一个很小的洞。

水从洞口慢慢滴出来，落到2号铜壶里。

在2号壶里放一支"漏箭"，水滴到2号壶里，漏箭就会浮起来。

看一看"漏箭"上刻的时间，就大概知道是几点了。

为了让时间更准确，古人通常需要多准备几个铜壶，把它们组装起来。

缺点：冬天水都结冰了，还怎么滴水呀？

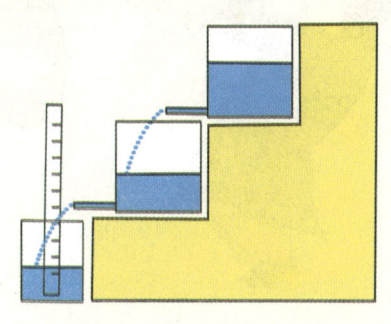

（铜壶滴漏的简单原理）

小朴克：

到了清朝的时候，皇宫里已经有了机械钟表。

这个时候，滴漏就成了一种摆设。

没错，就是放在那儿，给大家欣赏一下前人的智慧！

### 3. 更（gēng）夫

日晷和滴漏不是家家户户都有的，这个时候就需要人来报时间了。

这些人在古代叫做"**更夫**"。

到了晚上，每隔一个时辰（相当于现代的 2 个小时），更夫就会上街，敲几下锣，报一下时间。

更夫还会顺便提醒大家防火、防盗。

**缺点**：更夫睡着了，怎么办？

天干物燥，小心火烛！

# 6
## 回到古代，玩点什么好呢？

古代人没有手机、电脑和电视，更没有游戏机。
那么他们每天吃饱喝足以后，可以玩点什么呢？
什么，玩儿都不会？
来？好好看着，学着点！
天气那么好，先去抓几只可爱的小蝴蝶吧！

你管这个叫……蝴蝶？
你要不要去看一下眼科医生？

那个"蝴蝶"看起来好奇怪的样子……
不如去玩点别的好了……
下雪了,玩雪人吧。
可爱的雪人最好玩啦!

是谁要玩我?

不是这种"雪人"啊!

还是玩一些普通但是很安全的游戏比较好……

太好玩了!

**知识拓展**

古人的游戏其实非常丰富，随便举几个例子。

## 1. 投壶

在不远处放一个空壶，再准备一些箭。

把箭扔到壶里，扔中最多的人获胜。

但是，光是扔箭多无聊啊，所以古人还准备了很多花样。

闭眼投壶：把眼睛蒙上再扔箭。

背身投壶：背对着壶扔箭。

隔屏投壶：隔着屏风或者墙扔箭。

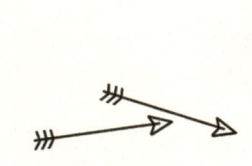

## 2. 斗草

春天、夏天时草叶茂盛，古人一看，那干脆就玩草吧！还给玩草取了个名字，叫"斗草"。

古人斗草的种类很丰富，大致有以下几种：

第一种，大家分别去找些花草，比比看谁找到的花草最稀奇。

第二种,把两根草套在一起,一人拉一根草,谁的草先断谁就输了。

## 3. 丢巧针

农历七月初七,也就是七夕节,古人会玩一种叫"**丢巧针**"的游戏。

这一天,古人会去打一盆河水或者井水,放到太阳下面暴晒。

被暴晒过的水会生出一层薄薄的膜。

跟着,大家就来比赛往水上放针。

心灵手巧又有经验的人,针一放就会被水上那层薄薄的膜撑住。

这么一来,针就浮在水面啦!成功放针的人还能获得一份大礼。

### 4. 藏钩

把一群人分成两队，各自准备可以握在拳头里的小物件。

每队挑一个人，把小物件藏在手里，注意别让另一队看见了。

然后两队互相猜小物件在谁的手里，以及在左手还是右手里。

最先猜到的一队获胜。

# 7 古代人怎么发消息？

叮！

你有一条日程提醒："约古代朋友一起吃晚饭。"

你拿出手机，写好短信，忽然发现，古代人没有手机！

好吧，你重新写了一张留言条，那么，这张留言条要怎么送给古代的朋友呢？

听说，古代有一个地方叫"烽火台"，它可以用来传消息吗？

烽火台

烽火台是怎么发消息的呢？

一旦发现敌人来了，士兵就会点燃柴草，放出狼烟，提醒大家小心敌军！

但如果水豚君想发一条"来我家吃饭"这样的消息，烽火台就不行了……

那再试试别的办法好了。

请帮我送一封信给小嘿。

1000块钱一次，没钱不送。

不知道水豚君送只鸽子过来干啥，只好烤来吃啦。

用鸽子怎么送信啊？

难道是把鸽子往天上一扔，它就会自己去找地址了？

当然不是！

鸽子只会往家里飞，古人要用鸽子送信，必须带着鸽子一起走。

比如，要从学校往家里送信，去学校的时候，你必须把家里的鸽子带着一起走。

到了学校门口，写一张纸条："我到学校了"。

再把纸条绑在鸽子的腿上，鸽子飞回家的时候，就会顺便把你的信带回去了。

但是，鸽子可能在路上迷失方向，或者被别的动物吃掉。你的信也可能一起被吃掉哦！

古人"发消息"的其他方法。

### 1. 朋友

请朋友带信，是古人常用的办法。

打听一下，哪位要出远门的，就请他带封信。

也可以付一笔钱给那些要去远方卖东西的商人，请他们顺便送一封信。

如果你是帮忙带信的，那要小心啦，几百号人等着你帮忙呢！

### 2. 驿（yì）站

如果你想送一封信去北京，可是没有朋友，也找不到要去北京的商人，怎么办？

古时候有一种专门用来送信的机构，叫做"驿站"。

除了送信，驿站还能让来来往往的官员在那里吃饭、睡觉。

可惜，驿站不是普通老百姓能用的，只有皇帝和当官的才能用！

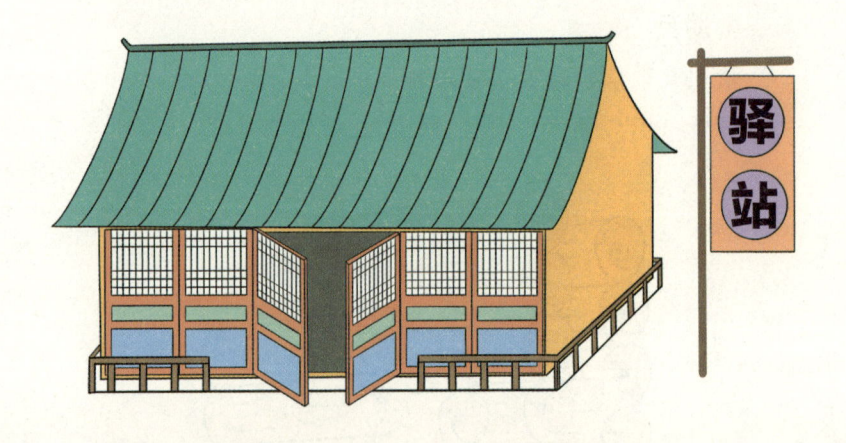

### 3. 民信局

普通人不能用驿站，可又要送信，怎么办？

到了明朝的时候，民间建立了"民信局"，就是专门为老百姓送信的。

除了送信，民信局还能帮忙送一些吃的、穿的、用的。到了清朝，邮局开始出现，民信局就慢慢消失了。

这是你的快递，我绝对没有拆开过哦！

# 8
## 开箱啦，古代人坐过的家具

欢迎收看今天的开箱视频。
家里的沙发坏掉了，决定回到古代买个家具。
废话不多说，让我们立刻来开箱看看！

**第一件家具**

太好玩了！

大地!

来自新石器时代,原始,简单,到处都是。

直白地说,就是坐在地上!

不但不花钱,还能种菜呢!

## 第二件家具

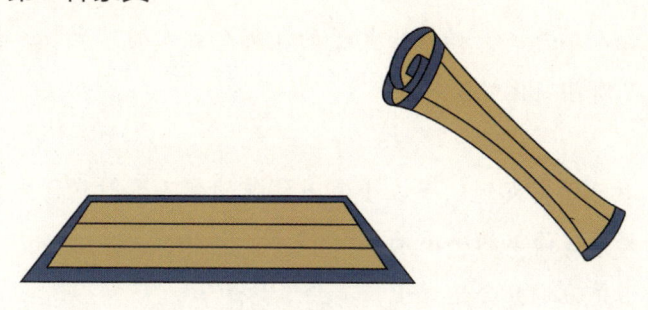

席子!

来自唐朝以前,卷起来很薄,轻巧又方便带在身上。

卷起来还可以变成妈妈的武器——棒子!

## 第三件家具

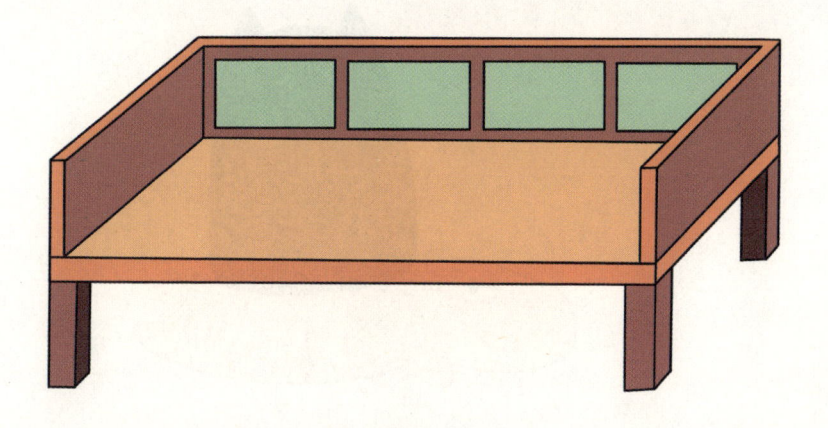

榻（tà）！

长得跟床一模一样，就是比较矮。

用起来也跟床一模一样，能坐，又能睡。

### 知识拓展

古人不是一开始就坐凳子的，那么古人的"坐"，前后发生了哪些变化呢？

考古学家发现，早在1万多年前的新石器时代，先民已经开始建造简单的小屋子。

但是他们只会造屋子，不会造凳子……

那时的人往地上铺点树叶，很随便地就坐下了。

慢慢地，席子出现了。

藤条、竹子、丝线，甚至兽皮，都可以用来编织席子。

> 只有我能坐水豚君！

席子往地上一铺，就可以坐。

不用的时候又可以卷起来。

如果席子很小，而且只能一个人坐的，叫"独坐"。

一般是长辈或者身份尊贵的人用它。

除了席子，古人还有"榻"。

商朝和周朝时，由于礼仪规定，等级低的官员和老百姓不允许坐榻。

这样的规定后来慢慢没有了，但是榻比席子贵，摆放也没有席子那么容易。

但是坐席子一点都不轻松，因为要"跪坐"。

先跪下来，再坐在自己的小腿上。

地板太硬，席子太薄，一会儿腿就麻了。

你的腿……还好吗？

唐宋时期，古人慢慢改变了坐在地上的习惯，开始坐在凳子、椅子上。

在唐代画家张萱的《捣（dǎo）练图》里，已经能够看到凳子的身影，一个姑娘正坐在凳子上缝衣服呢。

## 9 古代也有期末考试吗？

古代人有期中考试和期末考试吗？
古代人有中考和高考吗？

> 赶紧告诉我有没有，没有的话，我就立刻回古代！

别急，现在就告诉你。

第一个时期：不用考试！

这一时期，选拔人才主要靠有名望的大人物推荐，以及……看你的家庭背景。

第二个时期：隋唐一直到清朝末期，主要通过**科举考试**。
以清朝举例。

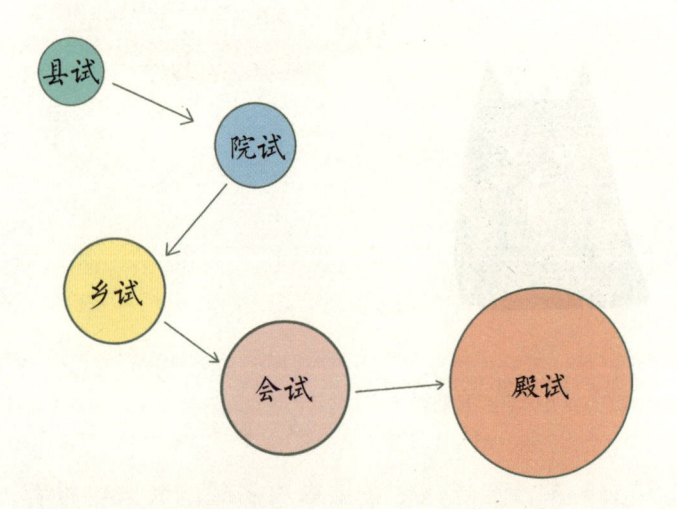

考试要经过**县试、院试、乡试、会试、殿试**。
简单地说，就是从老家开始考试，一路考到首都北京。
最后的殿试，由皇帝亲自主持！
如果在殿试里获得第一名，就成了"状元"！

## 知识拓展

传说，清朝有个皇帝为了证明自己的才能，就隐藏身份，去参加科举考试。

但是考官一看试卷上的字……

传说归传说，科举考试的确是寒门晋升的一条路。

那么，科举考试又是创立于哪个时期呢？
答案是：隋朝。
那么隋朝以前，古人怎么选拔人才？

汉朝时，中国使用的是察举制度。
其实就是靠推荐。
有名望、有地位的人，把人才介绍给皇帝。
可是天知道这些人是不是真的有才华，所以皇帝就准备了很多问题，来考一考这些人。

这种"考试"在古代叫做"**策问**"。
皇帝"策问"完了，就按照每个人"成绩"的好坏，来安排工作。

但是，靠推荐来选人才有很多缺点。

比如，一些名门贵族专门推荐自己的子女和亲戚，普通人一点机会都没有。

有些被推荐上来的人，居然连大字都不认识一个……

# 10 古代人如何取火？

古代没有打火机，也没有厨房里一点就着的天然气灶。那么，古人是怎么生火的呢？

> 我说你猜。

> 放马过来！

> 古人有打火机吗？

> 当然没有！

> 那古人怎么取火？

> 来我家，取火给你看。

第一招：闪电。

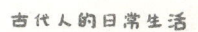

第二招：发火。

古代人的日常生活　　　　　　　　　　　　　　　　049

## 知识拓展

远古时期,人类还不会使用工具取火,获得火的方式完全靠运气。

比如,闪电击中树木,或者流星坠落地面。

> 苍天啊,帮忙生个火吧!
> 再帮忙买点菜过来吧!

后来,人类学会了用工具生火。

但是那会儿的古人没有打火机,就连火柴,也是到了清朝末期,才从外国传入我国。

那么,没有打火机和火柴,古人怎么取火呢?

主要有三种办法。

### 1. 钻木取火

大家搓一搓手,是不是发现手心热起来了?

这叫**摩擦生热**。

钻木取火的原理,就是摩擦生热。

利用两根木头摩擦产生热量，是可以生火的。

但是钻木取火并没有想象中那么容易，需要干燥的木材，干燥的天气，还需要耐心。

### 2. 金燧（suì）取火

金燧，又叫"阳燧"，是一种长得像镜子的取火工具。原理就是把太阳光汇集到一点，集中热量来生火。

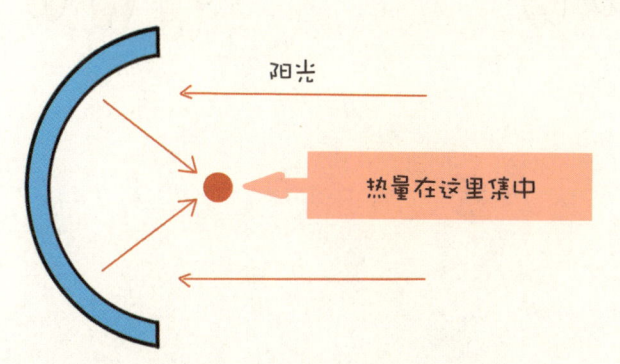

阳光

热量在这里集中

缺点当然很明显啦，不出太阳的日子里就用不了！

### 3. 火石取火

古人发现，石头之间以很快的速度碰撞会产生火花。

然而，不是随便捡两块石头碰一下就能生火，所以古人专门制作了一种生火工具，叫做"**火镰（lián）**"。

火镰长得像镰刀，用它和火石碰撞，能产生火花，用来生火。

火镰除了用来生火，古人还拿它当聘(pìn)礼娶媳妇呢！

火镰通常是小小的一块，带在身上很方便。

但是有些人家为了显摆，就把火镰做得超级大。

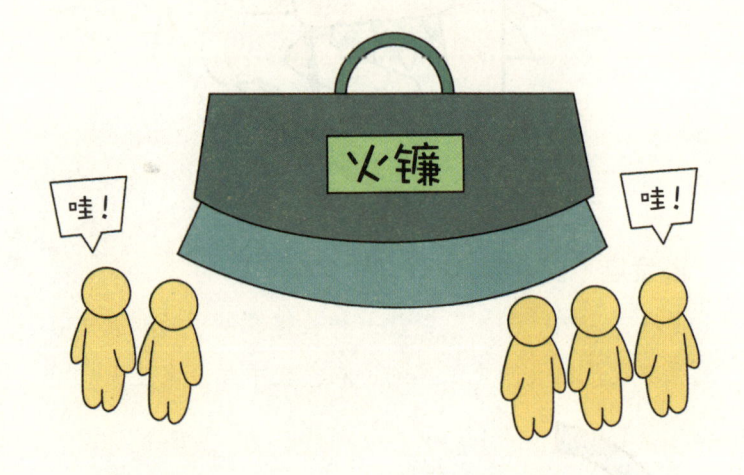

## 11 古代人也放假吗？

这个小节什么都没有。
因为写这本书的作者放假啦！
再重复一遍，真的什么都没有！

> 今天是"老子"的生日，在唐朝，全国放假一天。

> 你还活着吗？快去写书！

小注释：

"老子"的名字叫李耳，是我国古代的大思想家。

"老子"是大家对他的尊称。

除了佛祖的生日，如果遇到皇帝过生日，唐朝人民也放假！还有，皇帝的老婆生孩子，皇帝高兴了，也放假一天！

> 今天可以写书了吗？没钱买薯片了啊！

> 今天是佛祖的生日，在唐朝，继续放假一天！

古人放假跟你有什么关系,快给我回去写!

## 知识拓展

古人的放假花样,一点都不比今天少。

毕竟谁不需要放假呢?

每天都过得像放假的人不需要。

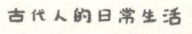

古代人的日常生活

在西汉时期，我国的古代官员每工作5天，放假1天。

所谓"五日一休沐（mù）"，就是放个假，大家休息一下，洗个澡，注意一下自己"公务员"的形象。

唐朝时期，从工作5天放假1天，改为了工作10天，放假1天。

不要觉得惨，因为唐朝人还有其他假期。

前面提到的"老子"的生日，佛祖的生日，皇帝的生日，全都放假！

如果是学生，除了这些5月份的时候还有"田假"。

就是让家里有田的学生，回家帮忙种地。

9月份，学生有"授衣假"。

因为天气要变冷了，所以放个假，让学生们回家拿过冬穿的棉衣。

到了宋朝,"老子"的生日和佛祖的生日都不放假了。但是,宋朝人一点都不难受。

因为宋朝人遇到元旦啦、中元节啦、清明节啦,凡是叫得出来的节日,几乎都放假!

到了元朝,皇帝就觉得宋朝人的假期太多了,于是缩减节假日,让大家多多工作。

以上假期都是针对大众的,在古代,还有一些特殊的假期。

比如,官员的父母或者爷爷奶奶去世了,官员就要"放假"回家,守孝三年。

还有，如果做错了事，被皇帝开除，那就一辈子都在放假啦……

佛祖啊，
求求你每天都过生日吧，
我就每天都能放假啦！

# 12 古人灭火只能靠下雨吗？

如果古代的城市建筑着火了，只能靠下雨来灭火吗？当然不是，古人灭火也是有专业团队的！

专业团队

专业团队当然要配上专业设备。

甚至建造了专业的火灾报警大楼：望火楼。

你猜猜，是谁家着火了？

肯定不是我家啦！

望火楼

不管你家是着火了，还是把饭烧糊了，都逃不过专业灭火团队的法眼！

那么，怎么才能联系到灭火团队呢？

由于古代没有电话，所以……

大声叫"救命"就好了！

知识拓展

古代都有些什么灭火的办法或者工具呢？

## 1. 火灾"报警器"

在宋朝的大城市里，会有那么一些人，整天站在一个很高的小楼上，好像是在监视大家的样子。

其实，这个高高的小楼，在古代叫做"望火楼"。

太好玩了！

楼上站着的人,要负责观察周围有没有起火。

一旦看到哪里冒黑烟,就敲锣打鼓"报警"。

## 2. 人力

古代没有消防车,也没有消防栓,灭火其实主要靠人力。

望火楼下面,通常驻扎着大量官兵,还会随时准备一些水或者沙土。

望火楼发出警报之后,这些官兵就会立刻赶去灭火。

### 3. 水井

古人除了喝水、洗衣服需要井水，也会考虑房屋着火的情况。所以在建造城市的时候，就会有意多挖一些井，方便打水灭火。

除了水井，也会摆放一些大水缸，方便取水灭火。

> 住到井里，就不怕着火了啊，笨！

### 4. 动物

动物还会灭火吗？

当然不会，其实是用猪牛羊的膀（páng）胱（guāng）装上水，朝火上砸。

什么是膀胱？

就是身体里装尿的器官。

猪牛羊的膀胱装满了水，像个水气球一样，扔出去就可以灭火。

遇到家里杀猪，一些小朋友还会拿猪的膀胱吹气，当气球玩呢。

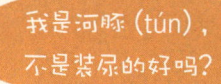

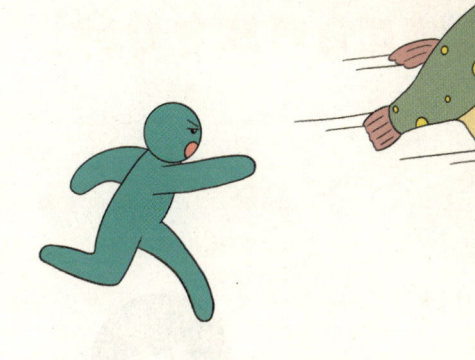

## 5. 斧头、锯子、锤子

如果房屋火势太大，已经没救了，那就拆吧，至少可以保护别人家的房子不要着火。

## 6. 更夫

在古代，晚上会有更夫出来报时间。

除了报时，更夫还有一个重要的职责，就是巡视街道，预防火灾。

# 13 在古代，搞错颜色可能会要命！

水豚君看腻了自己身上的颜色，听说古代有什么朱红啦，鸦青啦，牙白啦，这些色彩既优雅又丰富。

水豚君于是决定回到古代，给自己换一种颜色。

> 有些年代，老百姓不能随意穿红哦。

> 我要红色！

> 黄色呢！

> 也不可以哦。

古代人的日常生活　　　　　　　　065

## 知识拓展

有时候，学校会规定大家穿白衬衫、白鞋子。

遇到有人去世，参加葬（zàng）礼的时候，不能穿得大红大紫。

其实在古代，古人对颜色也有各种奇怪的规定，随便使用颜色，有时是会要命的！

汉朝，汉成帝时期。

老百姓只许穿青色、绿色的衣服。

哇哦，你在模仿汉朝人吗？

是食物中毒啦……帮我叫医生好吗？

隋唐以前，黄色的衣服是可以穿的，黄色甚至可以用来涂脸。

南北朝时期，女性就喜欢把脸化妆成黄色。

到了隋朝，皇帝的龙袍做成了黄色。从此以后，老百姓跟官员就再也不许穿黄色的衣服了。当然，得到皇帝的赏赐除外。

宋朝宋仁宗时，老百姓还不许穿白色、褐（hè）色的衣服。同样是宋朝，有些时期又规定老百姓只许穿白色、黑色的衣服……还有一段时期，黑紫色的衣服也不许穿了。

## 14 古代人照明只能靠月亮吗？

大家好，欢迎收听今天的古代恐怖故事。

我生活在古代，那个时候的晚上不像现代，有那么多路灯。

到了晚上，我们很少出门。

有一天，我下了班，天黑乎乎的，实在太吓人了。。

路上没有灯，我只好走快点，尽量早点回家！

这时，我忽然发现，月亮比平时更大、更亮了！

反正得救了，管不了那么多了！我赶紧朝最亮的地方跑过去。

却发现……月亮的真面目……

## 知识拓展

除了靠月亮，没有电，也没有电灯泡的古人，还能怎么照明？

最早的时候，古人用的是火把。

除了火把，古人也烧木柴来当"灯"。

然而，不管是火把还是木柴，都有一个问题，就是烧得太快。

如果晚上要走很多路，那恐怕要带很多火把在身上。

后来,古人有了"烛"。

这个"烛"当然和我们今天的蜡烛不一样,古人的烛一般用动物油脂或者植物分泌的树脂做成。

约在春秋战国时期,就有了油灯。

一开始,油灯烧的是动物油脂,那时的人,连肉都吃不上,怎么舍得拿动物的油来点灯?所以只有大户人家才用得起油灯。

不单单油灯,蜡烛其实也是很贵的。

相传,宋朝有个当官的,命令老百姓在元宵节期间,每天晚上点七盏灯。

一盏灯都快用不起了,七盏,简直要命了!

于是有人写了一首诗,其中一句是这样的:

贫家一盏灯,父子相聚哭。

## 15 古代人晚上不出门是因为有妖怪吗?

听说古代人晚上不出门,难道是因为……
有妖怪?

还是因为古人没有电灯，什么都看不见，不敢出门？
又或者是，害怕遇到蹲在屋顶上的小偷？

> 话说……你那个是睡衣吗？

> 出门的时候太忙，穿错了。

真正的原因其实是……

**知识拓展**

古人晚上为什么不出门呢？

当然不是因为妖怪，也不是因为看不见路，而是古代有"夜禁"制度。

古代因为没有电灯，用得起油灯和蜡烛的人家又不多，到了晚上，城市里黑乎乎的一片。

这个时候，就容易出现小偷和强盗，甚至会有敌人摸黑进来。

还有，老虎、豹子一类猛兽是夜行动物，喜欢晚上出来抓东西吃。

让我看看，是谁来给我当晚饭了！

为了大家的安全，更为了方便管理城市，朝廷于是下令，天黑以后不许上街瞎逛。

《旧唐书》写到过，每天一到黄昏，街上就会有人打鼓。这是在提醒街上的人，天黑了，赶快回家！

回家，回家，统统回家！

那么,有人偏不回家,就要在街上逛,会怎么样?

《新唐书》里记录了一件事。

"郭昱醉触夜禁,杖杀之。"

有个叫郭昱的人,晚上喝醉了,出来瞎逛,违反了夜禁,就被人用棒子打死了……

当然,这是特殊的例子,很多时候不会那么残忍啦。

通常就是打屁股 20 下!

而且,遇到一些盛大节日,晚上是允许大家出来玩的。

比如元宵节,有三天时间,老百姓可以在晚上出来看灯,看烟花,吃宵夜。

到了唐朝中后期,一些城市废除了晚上不许出门的规定。

到了宋朝,更是可以吃喝玩乐到天亮,你睡在大街上,都没人管!

但是宋朝结束以后,元、明、清三朝又重新实行"夜禁"。

晚上又不能出来愉快地玩耍了……

# 16

# 古代人旅游一次会走断腿吗？

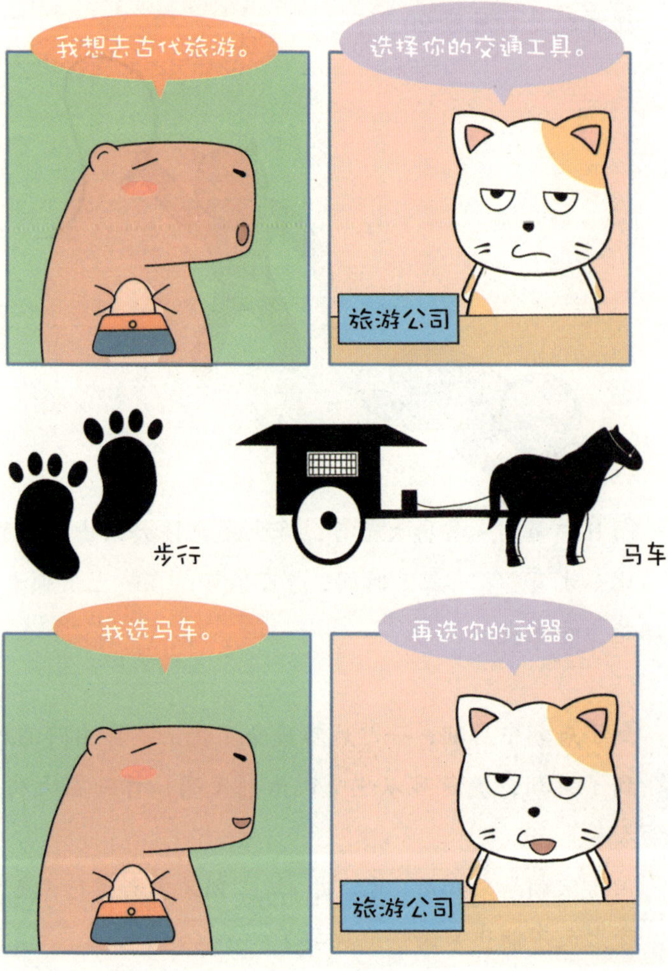

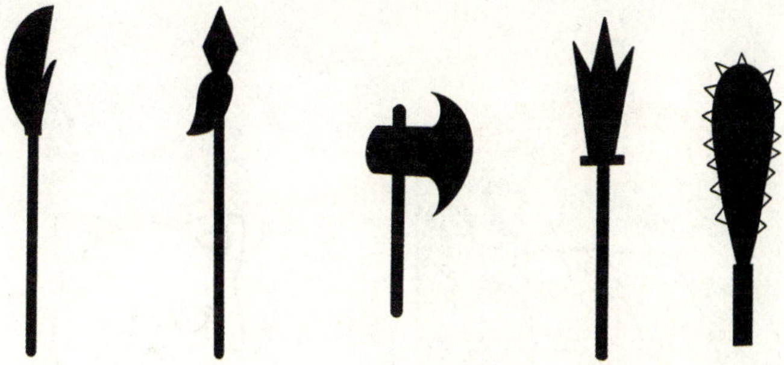

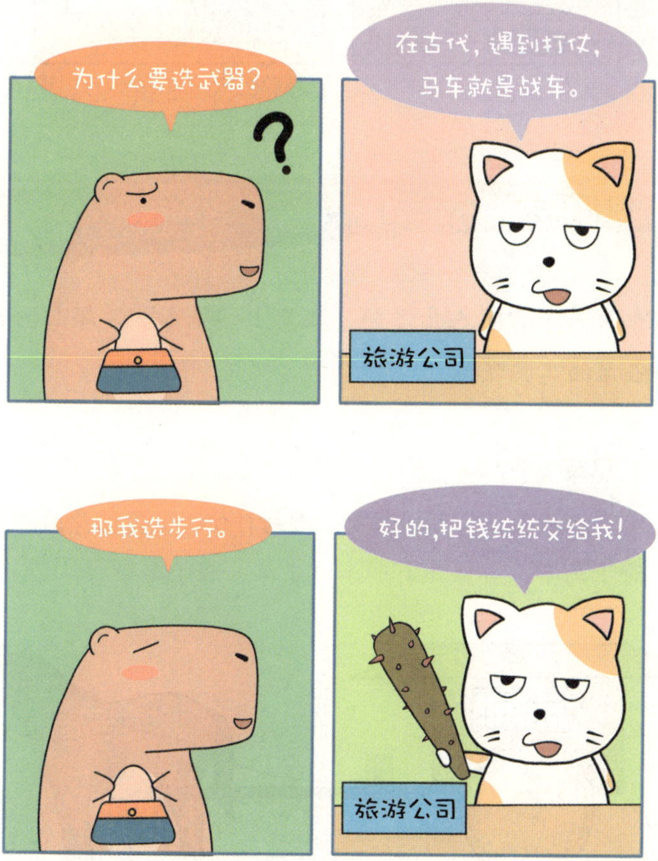
为什么要选武器？
在古代，遇到打仗，
马车就是战车。
旅游公司
那我选步行。
好的，把钱统统交给我！
旅游公司

> 为什么呀?

> 在古代,路上有很多抢钱的强盗,如果你没有钱,就不会被抢了嘛!

旅游公司

## 知识拓展

如果一个古代人出了门,在街上"等车",那么他会等来哪些交通工具呢?

### 1. 马车

既可以载人,又可以拉货,遇到打仗,还能化身为战车。除了马车,当然还有驴车、牛车、骡子车等。

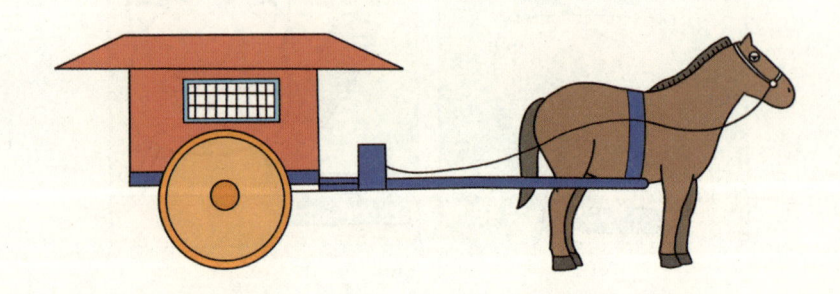

## 2. 马

这不是废话吗,马车都有了,骑马还不会啊?
但是,战国以前,古人主要用马来拉车。
《左传》写道:"马以驾车,不单骑也。"
意思是,马是用来拉车的,不是用来骑的。
战国以后,古人才慢慢流行骑马。

> 人不骑马,那马可以骑人吗?

## 3. 轿子

古代有一种靠人来抬的交通工具,一般是两个人抬……

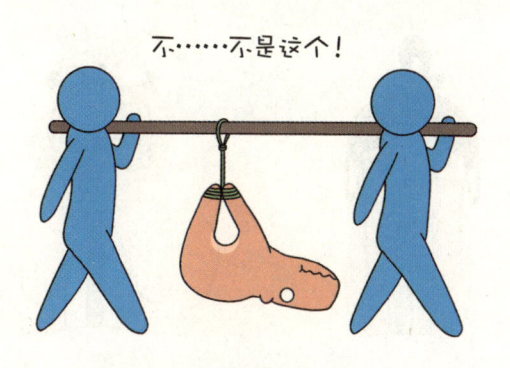

> 不……不是这个!

这个才对！

轿子还有四人和八人抬的，一般是皇帝和当官的坐。但也有例外，比如清朝时，文官可以坐轿子，武官只能骑马。武官因为年纪大，或者走路不方便，想坐轿子，必须得到皇帝的允许。

除了上面这些交通工具，古人还会坐船，一些地方还能骑骆驼。然而最常用的出行方式依然是步行！

那么，古人出一次远门，不会走断腿吗？

没那么夸张啦，比起这个，古人更担心路上会碰到老虎！

请问，这条路上有老虎吗？

绝对没有哦！

太好玩了！

古代诗人李商隐记录了一件事，说自己出远门，看到路边有很多抓老虎的陷阱。说明在当时，对于出远门的人，老虎已经是一种灾害了！

除了老虎，古人还会遇到拦路抢钱的强盗。

《汉书》写道："张弓拔刃，然后敢行"。

出个门，还要带上弓箭啦，刀啦，才敢上路。

真是太危险了……

# 17
## 古代人的屋顶上为什么站着怪物？

水豚君有了自己的小房子，终于要搬家啦！

几个月以前，水豚君请了一位古代设计师，来帮忙装修房子。已经等不及想要看到新房子是什么样了！

先来看看大门吧！

等等……这是什么玩意儿啊，那么阴森，还让不让人进门了！

还有，门上这个又是什么鬼东西？

更奇怪的是，屋顶上还站着一排怪兽。

这是在干什么？排队等吃饭吗？

水豚君很生气，这房子还能住吗，现在就要一个解释！

## 知识拓展

解释来啦,为什么把水豚君的新家装修得好像动物园一样呢?

先从大门口说起。

### 1. 石狮子

在古代,门口放石狮子是有很多作用的。

第一,古人认为狮子非常威猛,可以"辟(bì)邪",把邪恶的东西挡在门外。

第二,石狮子可以让房子显得很大气,从而显示房子主人尊贵的地位。

小补充:古代中国是没有野生狮子的,狮子主要生活在非洲等地区,也就是说,帮我们看家的石狮子,其实是外国来的"保安"。

主人,你回来啦!

太好玩了!

## 2. 铺（pū）首

古代的房屋，大门上通常会有两个奇怪的怪兽，它们的嘴里咬着一个圆环。其实，这个圆环是用来敲门的，相当于我们今天的门铃。

至于为什么要做得那么"恐怖"，其实和石狮子一样，也是为了把"坏东西"吓走。

铺首还分等级呢，比如有些图案如神兽，是贵族才能用的。

## 3. 脊（jǐ）兽

在古代建筑上，站着一排小小的"怪物"，叫做脊兽。

如果仔细看，其实排在第一个的，是一位骑着凤凰的仙人。这些仙人和神兽，除了装饰房屋，还有各种各样的寓意。比如吉祥啦，尊贵啦，消灾啦，等等。

摆放脊兽的数量也有讲究，像是10个，9个，7个什么的。

但要注意，在古代，只有皇帝的房子，才允许放10个脊兽。

## 18 古代人洗澡只能去河里吗?

一家古代浴室开张了,赶快来洗个澡体验一下。首先当然要试试古代温泉!

温泉在隔壁,这里是厨房,你给我出来好吗!

太好玩了!

温泉有点热啊，还是学习古人在河里洗澡好了。
不花钱的就是最好的！

你也来洗澡啊？

洗完澡，顺便再刷个牙。
古人没有电动牙刷，一般用马尾巴或者猪毛来做牙刷。
刷牙之前，先找匹马借点毛来用用吧。

再借一点毛给我做牙刷好吗？

滚！

## 知识拓展

七仙女在河里洗澡,被牛郎偷了衣服。

猪八戒出去找吃的,发现一群蜘蛛精在河里洗澡……

这些故事里的人物都是在河里洗澡。

那么问题来了,古人洗澡只能在河里吗?

当然不是,古代也有浴室。不去浴室,在家放个木盆、木桶,烧点水也能洗澡。

古人还发明了很多清洁工具,用来洗漱。

### 1. 皂角

皂角是皂角树上长的果子,样子就像一个超级大扁豆。

把皂角从树上摘下来,晒干。晒干的皂角撕碎,放到水里泡一泡,或者煮一下,就能洗头发、洗衣服。

到了现代,一些地方依然在使用这种纯天然的"清洁剂"。

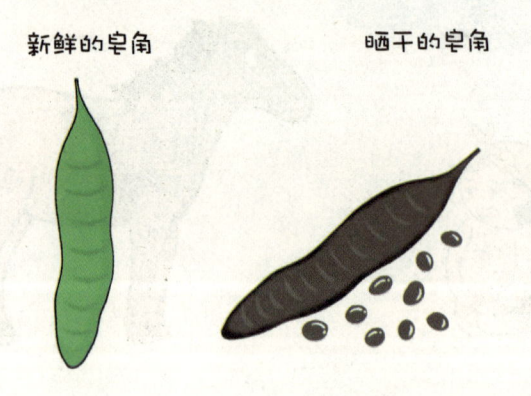

新鲜的皂角　　　晒干的皂角

## 2. 澡豆

把一些中药材跟豆粉混合，做成小球。

澡豆可以洗头发、洗澡、洗衣服。

但是澡豆的价格比较贵，普通人家是用不起的。

> 你把澡豆吃了，我还怎么洗澡啊？

## 3. "乱七八糟"水

在古代，洗头有用淘米水的，还有用醋的。

就连植物燃烧后留下的"草木灰"，也能用来洗头。

> 淘米水真的能洗澡吗？

> 再不出来就煮了你！

## 4. 牙刷

除了洗澡，当然还要刷牙。

古人的牙刷，是用马尾巴或者猪毛做的。

至于牙膏，可以用皂角、生姜、盐来替代，等等。

如果没有马尾巴或者猪毛来做牙刷，还有更简单的牙刷。

找一根细细的树枝，把它的一头咬得软软的，蘸（zhàn）上药粉就能刷牙。

重要提示：咬树枝，不是咬大树！

如果连树枝都懒得找，古人还流行直接用手指头，蘸上盐或者药粉来刷牙。

# 19 古代运动会是什么样？

欢迎来到第一届古代运动会！
本次赛事所有运动，全部来自古代。
现在，请参加古代足球比赛的运动员，到 1 号馆集合。

腿太短，踢不到……

请参加马球比赛的运动员,到2号馆集合。

请参加赛龙舟的运动员,到河边集合。

知识拓展

这么多古代运动项目,它们有些什么规则,又要怎么玩呢?

一个一个来看吧!

太好玩了!

## 1. 蹴（cù）鞠（jū）

今天流行的足球，其实早在我国古代就已经出现。

踢足球在古代叫做"蹴（cù）鞠（jū）"，起初用来训练士兵。慢慢地，蹴鞠成了强身健体、休闲娱乐的项目。

宋代的蹴鞠，用木头来做门框，比赛的人分为两队，每队一个守门员。计分用红旗，每进一个球，得一面红旗。

古书《东京梦华录》记录了一场给皇帝和百官观看的球赛。"球员"分为左军和右军，左军穿红衣，右军穿青衣。

比赛结束后，赢的一队得到了赏赐，输的一队呢，领头的被打了屁股。

> 你这样让我怎么踢嘛！

## 2. 马球

骑在马上，用棍棒把球打到球门里，进球多的一队获胜。马球在汉代就已经出现了。

但是，马匹价格昂贵，而且光是骑马都需要训练，更不要说骑在飞奔的马上打球,所以,一直到了唐代以后,马球才真正流行起来。

### 3. 冰球

冬天,古人会去结冰的河面上滑冰。但光是滑冰多无聊啊,古人干脆就一边滑冰,一边打起了球。

冰球一般用铁做成,可以用棍棒打,也可以用脚踢。

古代还有去结冰的河面上挖冰块做冷饮的,希望这两种人不要遇到……

### 4. 赛龙舟

赛龙舟是端午节的习俗之一。

龙舟比赛除了比谁先到终点，还有另外一种：

划手把龙舟划到桥下或者岸边，观众往水里扔土罐（guàn），划手跳下水争抢，抢到土罐多的获胜。

## 20 古代人怎么照镜子？

想要照镜子，但是身边又没有镜子，怎么办？
不如来试试古代人照镜子的办法。
第一种，试试水里的倒影。

哇哦，原来我长得像食人鱼啊！

第二种，试试光亮的瓷器，虽然样子有点怪……

第三种，借别人的眼睛来看看。

谁是整条街最帅的仔？
声音太小咯，听不见！

神经病。　　神经病。

**知识拓展**

最初，古人想要照一照自己的脸，只能去河边，或者打一盆水，看看自己的倒影。

直到铜镜的出现。

铜镜用铜铸成,也会加少量其他金属。

大家在电视剧里看到的铜镜,有一些照出来的人是这样的:

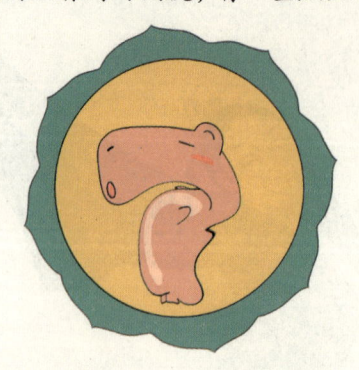

不但模糊,还奇形怪状……

古代铜镜虽然不如今天的玻璃镜子清晰,但也没有电视剧里的那么奇怪啦!

在古代,铜镜需要用水银和锡(xī)粉等进行打磨。

打磨出来的铜镜十分光亮,照人一点问题都没有!

但是铜镜需要经常打磨,否则没多久就变得模糊了。

古人制作铜镜非常讲究。

背面要刻花纹,有的还要嵌上几颗宝石。

正面　　　　　　　反面

为什么要把镜子做得那么漂亮呢?

因为镜子在古代除了用来照脸,还可以当作嫁妆。在一些朝代,女性出嫁,一定会带上铜镜。没结婚之前,一些男男女女,也会互相赠送铜镜,作为纪念。镜子上还会刻一些文字,什么"不要忘记我啊"之类的。

# 21 走,去古代吃个饭!

书看到这里,也该饿了。
懒得出去走,就点个外卖好了。
汉堡、炸鸡什么的吃腻了,试试古代小吃吧!

哎呀，忘了说，古时一些朝代，禁止吃牛肉！乱吃牛肉，是要被抓去坐牢的……

大街上到处都是牛，吃个牛肉面而已，怎么那么惨呢？

来呀，来吃我呀！

牛又能耕地，又能拉车，在非机械化生产的古代，牛是非常重要的。

不过，也不是绝对不让吃牛肉，比如牛老死啦，摔死啦，肉还是不能浪费的。

偷偷吃，别被发现，也不会有事。

另外，在唐朝，除了杀牛，随便杀马，也要坐牢一年！

好吧，吃肉太危险了，吃点蔬菜水果总没问题了吧？

那边有个果蔬店，去看看吧。

难道是嫌 10 块钱太少了?
好吧,加到 100 块,再问一次!

## 知识拓展

如果回到古代，想要一盒爆米花，结果很可能是：没有！

因为玉米是明朝才从国外传入中国的。

那换一个烤红薯吃吃看呢？

抱歉了，红薯也是明朝才有的，之前都没有！

那么，来一份炸薯条加番茄酱得了。

不好意思，西红柿和土豆也是到了明朝才有的。

而且，西红柿传入以后，古人觉得它长得血红血红的，怕不是有毒吧！一直到了晚清，才有人敢吃。

## 22 古代的"隐身侠"

在古代,有一群很特别的人。别人都想出名,想赚钱,这些人却只想当个"隐身侠",住进大山里面。

为什么会有这样的人呢?

原因一:为了自己的安全。

身边的人为了钱啊,名声啊,打得你死我活,实在太吓人了!

这种时候,还是找个风景不错的地方躲一躲好了。

原因二：我可是天才，等你们懂得欣赏我了，再来山里找我！

为什么还没有人来找我，唉……

原因三：跟"老板"合不来。
"老板"叫我做的事，我不想做！
我想做的事，"老板"不给做……
那还做个什么啊，躲起来算了！

人呢？

没在。

## 知识拓展

"隐身侠"在古代还真不少,但是他们不叫"隐身侠",而是叫"隐士"。为什么这些隐士要躲起来生活呢?

难道是犯了法?

当然不是,犯了法就不叫"隐士"了,叫"逃犯"!

### 1. 躲避战争

遇到打仗,一些人会选择做隐士,躲起来过日子,毕竟小命重要。

### 2. 跟"大老板"合不来

因为对一些事有不同意见,隐士们跟"大老板",也就是皇帝,合不来。

为了显示自己的骨气,隐士们就会住进深山,绝对不吃皇帝的一粒米!

### 3. 给自己放假

大诗人陶渊（yuān）明，最后一次当官，当了八十几天，然后不干了。

他决定以后天天放假，去当个隐士。

每天种点小花花，看看风景，还挺爽！

## 4. 等一个懂得欣赏自己的人

古代有个人叫姜子牙，一身才华却得不到别人的欣赏。他只好每天在河边钓鱼，过着隐士的生活。

一天，有人发现姜子牙钓鱼好奇怪啊，不用鱼饵就算了，鱼钩还不放到水里，这是在钓空气吗？

后来，姜子牙成功引起了周文王的注意，被周文王封为太师。

再后来，姜子牙帮助周文王的儿子周武王建立了新的国家，成为一代功臣。

姜子牙钓的，不是鱼，也不是空气，而是一个懂得欣赏他的人。

这就是"姜太公钓鱼，愿者上钩"的故事。

## 23 古代"电影院"里,能看点什么?

一家古代"电影院"开张了,不知道有什么看头呢?先来看看海报吧。

戏曲

戏曲嘛,就是用唱歌跳舞来讲故事。

但是,这个凶巴巴的脸谱是怎么回事?难道今天演的是恐怖故事?还是看下一张海报好了……

说书

太好玩了!

说书,还是讲故事嘛,懂了,下一个!

为什么演员的身上都绑了绳子?

是怕它们跑了,没人演戏吗?

好吧,这个在古代叫做"傀(kuǐ)儡(lěi)戏",其实就是木偶戏。

上面这两位,不是真的演员,而是木头做的玩偶。绳子是用来让木偶做动作的。

### 知识拓展

古代人看电影吗?

中国的第一部电影诞生于1905年,到现在也不过110多年的历史。

也就是说,在很长一段时间里,古人是没有电影看的。

那古人可以看什么呢?

## 1. 戏曲

简单地说，戏曲就是用唱歌、跳舞、说话等方式来讲故事。直到今天，在我国很多地方还能看到这样的"小房子"。

这个叫做"戏台"，相当于我们现在的电影院，古代的演员就在这里唱戏。

那么，唱戏的演员为什么要画个大花脸？

是为了让观众一看就明白，这个是什么角色。比如，画个大红脸，表示这个人正直又威猛。画个大白脸，表示这个人特别狡猾。

## 2. 马戏

今天,听到马戏团,便会想到变魔术、走钢丝、训猴、训狗、训老虎等。

但在古代,马戏就只是在马上做戏给你看。常见的马戏有:骑马射箭、骑马耍大刀、马上倒立、马上翻跟斗等。

看马戏的观众,有时还会和骑手互动。比如,在地上放点钱,让骑手骑马来捡。

## 3. 皮影戏

用兽皮或者纸板做成小人,再用小竹棍控制小人做动作。皮影艺人还会给小人配音,让它们讲话、唱歌。

简直就是古代版的动画片!

## 24. 武功天下第一，也要考试

科举考试考的是知识文化，有一身好武功的人想要为国效力怎么办？

别担心，在古代还有武举考试，专门考武功。

**考试项目一：射箭。**

但一定要找准方向。

考试项目二：力量。

把猪一样重的东西举起来 10 次。

猪一样重是什么意思？

0分！

考试项目三：兵法。

要当将军，当然要知道怎么指挥士兵。

## 知识拓展

古代选拔武官的考试,叫做"武举"。

科举考试创立以后,选拔的是有知识文化的人。到了唐朝,女皇武则天又设立了武举考试,专门挑选有一身好武功的人才。那么,武举考什么呢?

### 1. 耍长枪

骑马再提长枪去刺木头人,刺中的木头人越多,分数越高。

### 2. 力量

考举重和负重两种。举重,是把一根很重的大铁棒举起来十次。有些朝代也举石头或者鼎之类的。负重,就是抱或者背石头、大米之类的重物,走二十步。

你确定这是考试内容?

把我扛到我家。

### 3. 兵法

想当武官,但是不会指挥士兵怎么行!

一些朝代会出几个问题,考一考大家是怎么领兵打仗的。另有一些朝代要求会默写兵法书籍。

1. 遇到敌人,应该( )。
A. 投降
B. 请他吃饭
C. 英勇作战

2. 士兵不听话,应该( )。
A. 跟他妈告状
B. 把他送给敌人
C. 跟他讲道理

3. 抓到敌人,应该( )。
A. 卖掉赚钱
B. 扔进垃圾桶
C. 好好对他,让他加入我们

### 4.样貌、身材

考官会根据每个人的身高、强壮程度等，给参加考试的人分等级。

不过，长得太搞笑的话，把敌人笑死，不就胜利了吗？

长得太丑，0分。

小补充：

参加武举考试，是有人数限制的。

否则成千上万人带着刀啊、箭啊，往考场里走，真要把考官吓惨了！

武举考试在我国实行了1000多年。到了1907年，武举考试被废除。

实际上，武举考试一直没有得到太多重视，有些朝代时考时不考。

武举考试选出来的人，虽然武艺高强，但大多没有上过战场，没有实战经验。这样的人领兵打仗，有点悬……

# 25 古代人怎么过春节

今天，让我们跟着古人一起过个春节。先来放点鞭炮热闹一下。

传说，古人放鞭炮是为了吓跑一种叫做"年"的怪兽。

而在除夕前几天，还要拜一拜厨房里的神仙——"灶王爷"。

传说，灶王爷每年都要上天，报告每家每户的情况。

老百姓会供奉一些甜食，希望他嘴巴甜一点，多说好话。

人间是个什么情况，你倒是说几句嘛！

等到了大年三十的晚上，就要"守岁"。

简单点说，就是玩到天亮啦！

不许睡，起来玩！

## 知识拓展

为什么过春节要放鞭炮?

这要从一个古代传说讲起。

传说,有一种怪兽,它的头上长着牛一样的角,会发出"年——"的叫声,大家都叫它"年兽"。

每到新年,年兽就会跑出来害人。

**超凶!**

后来,有人发现用火烧竹子,竹子会爆裂且发出响声,人们管这个叫"爆竹"。

人们还发现,年兽特别怕爆竹的声音,所以每到新年,就放"爆竹"赶走年兽。

后来古人发明火药,做成了鞭炮,就不再烧竹子了。

虽然世上没有年兽,但是放鞭炮确实能够赶走老虎啦、狼啦一类的野兽。

更重要的是,放一串鞭炮,新年才热闹嘛!

**祭(jì)灶节**这天要做些什么?

春节的前几天,也就是农历腊月二十三或二十四,要打扫家里的卫生。

家里挂的灶王爷画像要是旧了,要取下来,这叫"**辞灶**"。

一般在除夕这天,再贴上新的灶王爷画像,这叫"**接灶**"。

> 灶王爷上天了,现在换我来上班,吃的统统给我就好了!

为什么春节要守岁?

还是跟年兽有关系。

古人害怕新年一到,年兽出来害人,都不敢睡觉了。

于是大家就聚在一起,聊聊天,吃吃喝喝,等到天亮。

但其实,哪里有什么年兽啊,大家就是想玩到天亮而已啦!

## 26 洗澡都要过个节，奇怪的节日风俗

在古代，洗个澡都能当节日来过，是真的吗？

是真的！这个节日叫**上巳**（sì）节。

在这天，古人会好好洗个澡，希望未来一年不要遇到灾难，也不要生病。

更奇怪的是，古人还给花过生日呢！
到了"花朝（zhāo）节"这天，就是百花的生日。

生日快乐！

还有一个节日，这天不许烧火，只能吃点凉面之类冷的食物。这个节日叫做"寒食节"。

都结冰了，这个凉面够凉了吧？

### 知识拓展

### 1. 因洗澡而出现的节日——上巳(sì)节

农历三月初三这天,古人会结伴去河边沐浴,希望洗掉灾难、洗掉病痛,祈福安康。

古人会在这天外出游玩,还给出游取了个名字叫"踏青"。

在唐朝,一直在皇宫里干活的宫女还能放假一天。

古人还流行把鸡蛋、鹅蛋、鸭蛋煮熟,放到水里让它漂着,谁拿到了就谁吃。

### 2. 百花的生日——花朝节

古人真的很浪漫了,居然还给花过生日!

花朝节的日期在各地都不一样,通常是在农历二月,总之就是在春天。

这天,古人要拜花神,给她唱唱歌,跳跳舞。还会采摘一些能吃的花朵,做成百花糕。

### 3. 禁止烟火的一天——寒食节

春秋时期，晋国国君晋文公有个忠心的大臣叫"介子推"。

晋文公没成为国君的时候，介子推不离不弃，陪他四处逃难。

后来，晋文公当上了国君，介子推却带着母亲住到了深山里。

晋文公为了把介子推请回来，只好放火烧山，逼他出山。

可是介子推坚决不肯出山，最后被烧死在山上。

晋文公既后悔，又伤心，于是把这一天定为"寒食节"。

在这一天，古人禁烟火，就吃点凉面、凉糕、凉粥之类的食物。

太好玩了!

# 27 古代的交通规则

古代没有汽车、火车,是不是就不会发生交通事故了?

古人用马拉车,马看着很高大,却容易受惊。

汉朝有个皇帝准备坐马车的时候,马被吓到,还忽然跑了起来。

结果,三匹拉车的马撞死在了大门上……

交通规则,是为了减少事故发生,因此在古代,也必须有交通规则。

秦汉时期,有皇帝的"专用车道",一般人绝对不许走!

> 什么皇帝,没见过啊……

礼让行人,也不是现代才有的。
在古代,一些道路上还明明白白地写着"少避长"。
意思是,年轻人要给长辈让路。

> 你比较老,你先走吧。

不管是骑牛、骑马,还是骑驴,挂上铃铛,就相当于汽车喇叭了。

叮叮叮,驴来啦!

### 古代交通规则一:皇帝专用车道

秦汉时期,专门为皇帝修建的"专用车道",叫做"**驰道**"。
除了皇帝,任何人都不能走驰道。
就连皇帝的亲儿子都不行!

汉朝的皇帝汉元帝,紧急召见自己的儿子,但就是亲儿子都不敢走驰道,最后是绕了路去见亲爹。

随便走上驰道,不但人会被抓,车跟马也要被没收……

皇帝专用车道

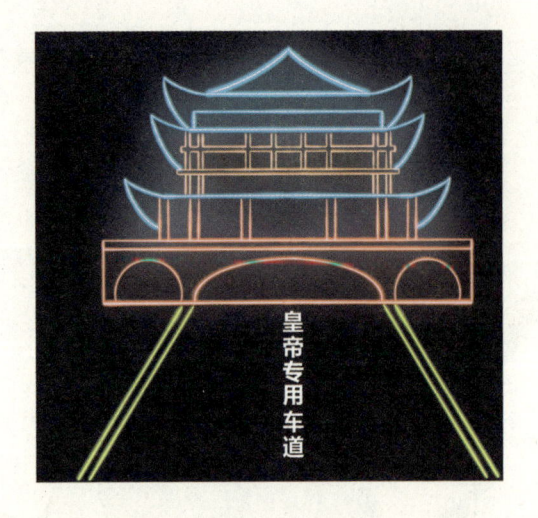

### 古代交通规则二：让路

回到宋代，走在路上要怎么给别人让路呢？这里有几条规定：

1. 平民要给贵族让路；
2. 年轻人要给长辈让路；
3. 车上货物轻的，要给货物重的让路；
4. 出城的要给进城的让路。

还是……你先走吧……

当然，不是所有的路都这样，通常在一些重要的大路上才会这么要求。

小路上谁管你啊，又不是闲着没事干！

### 古代交通规则三："开车"乱跑，要打屁股

唐朝法律规定，在街上或者人多的地方，驾驶马车、牛车横冲直撞者，要被用鞭子打屁股50下！

当然，紧急情况除外，比如要护送病人，或者执行重要任务。

# 28 古代人的闹钟

古代人有闹钟吗?

如果你是说用电池或者充电的那种,当然没有。

那么,古人早上怎么叫醒自己呢?

方法一:被尿憋醒。

方法二:被鸡叫醒。

方法三：住到寺院旁边，被早上起来学习佛法的和尚念经念醒。

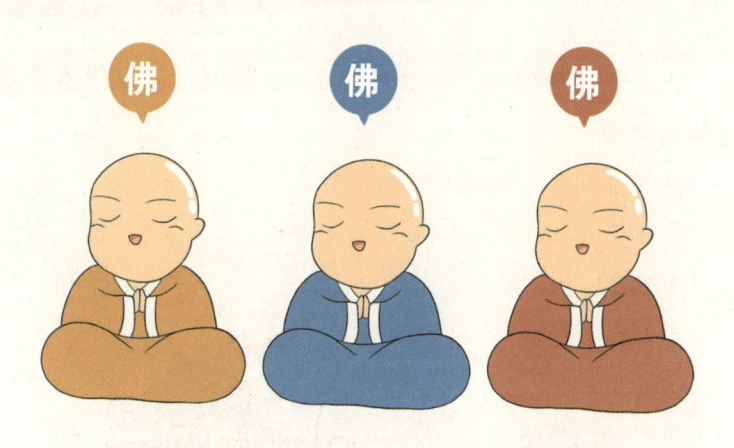

方法四：被恶梦吓醒。

## 知识拓展

上面提到的闹钟，偶尔用用还行，难道古人就没有更靠谱的闹钟吗？

既然你问了，就说几种给你听。

### 1. 香钟

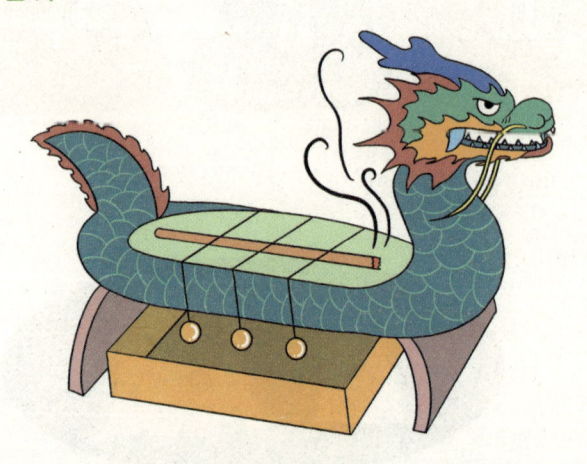

上面这个东西就是"香钟"了。

点上一支香，在一根线的两头绑上两个铜球，然后挂到香上。

香烧啊烧啊，烧到线的位置，线一断，铜球就会落到下面的铜盘里。

"咣当"的一声，你就醒了。

想要早点醒，就把线的位置放得靠前点。

想要晚点醒，就别用香钟了，睡到饿醒就好啦！

## 2. 更（gēng）夫

怎么又是更夫！

更夫是不是什么都能做啊，接下来更夫是不是还要送外卖了？

在古代，更夫会在晚上出来给大家报时，顺便提醒大家小心火灾。

更夫一共会报时五次，每隔两个小时一次。

最后一次报时，是在凌晨3点到5点。

因为古人晚上睡得早，起床就很早，听到更夫最后一次报时，差不多就该起来做事了。

### 3. 寺院撞钟

寺院里修行的僧人，每天都要上早课。

僧人的早课当然不是语文、数学，而是到寺院的大殿里拜佛念经。

上早课之前，寺院会撞钟。

如果住在寺院附近，就能听着寺院的钟声了，当它是免费的闹钟啦！

## 29 来恶魔饭店，学点吃饭的礼仪

欢迎来到恶魔大厨的恶魔饭店！

恶魔大厨是出了名的严格，想在恶魔饭店吃饭，必须懂得古代餐桌礼仪。

否则，会被扔出饭店哦！

恶魔大厨

超严格

规则一：喝汤的时候，声音不要太响。

你喝汤的声音太响了，连外星人都能听见了！

规则二：不许把咬过的肉或者骨头扔给狗。

狗都不想吃你做的菜好吗！

滚！

说完了客人,在恶魔饭店工作的人,也要注意使用古代餐桌礼仪。

给服务员的规则一:端上来的鱼,要用鱼尾巴对着客人。

> 这个……吃完尾巴就饱了吧……

给服务员的规则二:有骨头的肉放在客人的左边,没骨头的肉放在客人的右边。

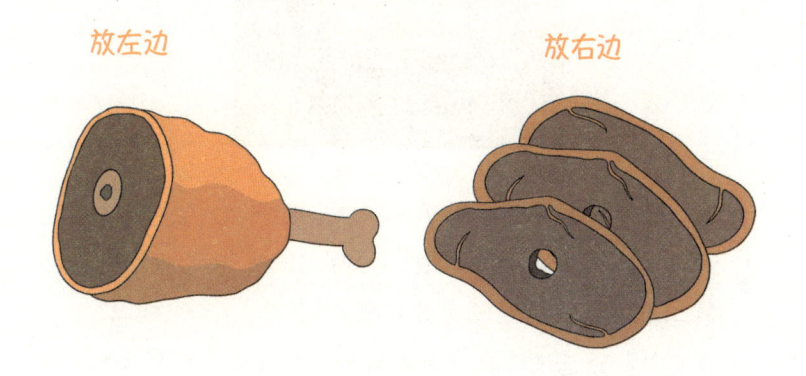

放左边

放右边

## 知识拓展

回到古代,吃饭的规矩一点都不少,让我们一步一步来看看吧。

### 1. 请客

在古代请客人来吃饭,要发三张请帖(tiě)。

**请帖**

第一张请帖,在吃饭的前几天发。

意思是:我要请你吃饭啦,时间、地点你看一下吧。

第二张请帖,在吃饭的当天发。

意思是:你还记得我今天要请你吃饭吧,千万别忘记了!

第三张请帖,在吃饭前一两个小时发。

意思是:饭快做好了,赶紧出发吧!

## 2. 迎客

客人来了，每进一道门，主人都要请客人先走。到了最后一道门，主人反而要先进，为什么呢？

> 我要先进去，给您检查座位，表示一下尊重，可以吗？

> OK!

## 3. 入座

古人入座吃饭，方向和位置很重要。尊贵的位置应该让给长辈或者地位高的人。

> 居然敢抢我的座位！

### 4. 上菜

规矩前面说过啦,跳过!

### 5. 开吃

吃饭不要发出太响的声音。

不要只吃自己喜欢的菜,否则主人会觉得其他的菜你不满意。

主人送来梨、李子之类的水果,吃剩的果核不能当着主人的面乱扔。

那么扔哪里啊?好麻烦呀!

### 6. 吃完收工

吃完了饭,客人要稍微收拾一下碗筷。

这个时候,主人就知道客人已经吃饱了,就会赶紧让家人来收拾,让客人坐下休息。

# 30 古代衣柜里的奇怪衣服

　　水豚君没穿过古代的衣服,有点好奇,古代人会不会穿什么奇怪的衣服呢?

　　最近流行"盲盒",就是不知道盒子里有什么,买到什么全靠运气!

　　水豚君也买了几个古代衣服的盲盒。

　　到底会拆出什么呢?想想都觉得好刺激啊!

手太短,够不到……

太好玩了!

**盲盒一**

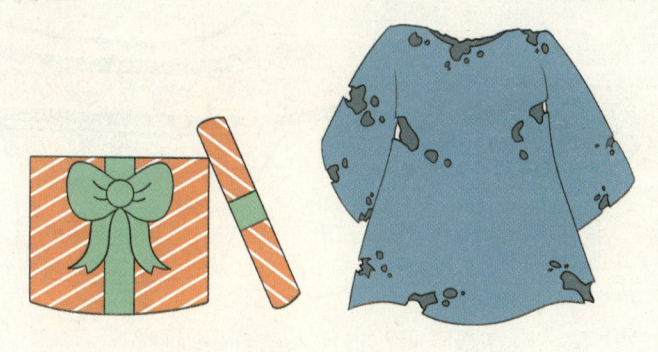

为什么是件破破烂烂的衣服,难道被骗了?

**盲盒二**

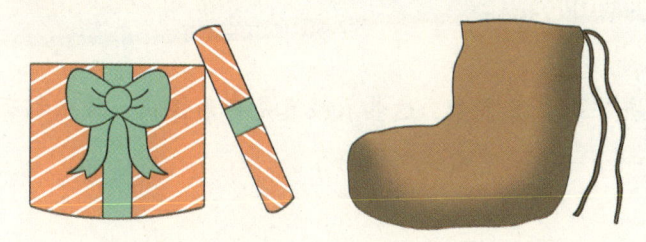

看起来像袋子,又像……袜子?

**盲盒三**

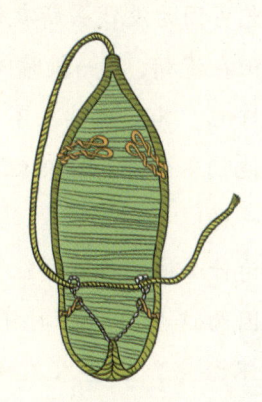

这是什么?船吗?为什么是脚丫子的形状,难道是鞋?

**盲盒四**

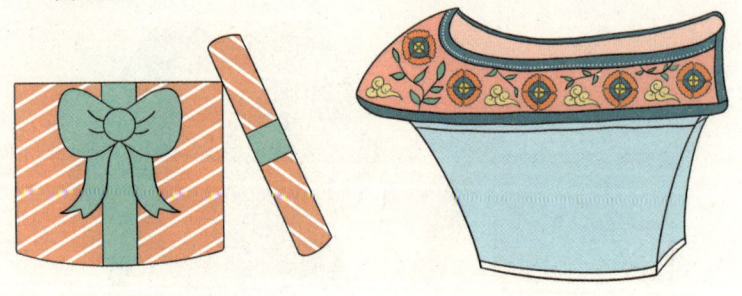

这个是……高跟鞋吗？古代人也有高跟鞋？

### 知识拓展

开了那么多盲盒，这些衣服真是奇形怪状，什么都有。一个一个来看看说明书好了。

#### 说明书1：乞丐（gài）装

乞丐因为没钱买新衣服，通常都穿得破破烂烂。

但在清朝，有一段时间，你遇到的乞丐可能比你还有钱！

好吧，其实这些人不是真的乞丐，而是一些贵族和有钱人。他们不但穿得破破烂烂，还把脸弄脏，上街真就跟乞丐一模一样！

为什么他们要这样？

因为这些贵族平时穿衣服的规矩太多啦，这也不给穿，那也不给穿！一些人不耐烦了，于是穿上乞丐衣服，表示反对！

### 说明书 2：袜子

远古时期，人们没有袜子的，把兽皮往脚上一包，又当鞋子又当袜子。

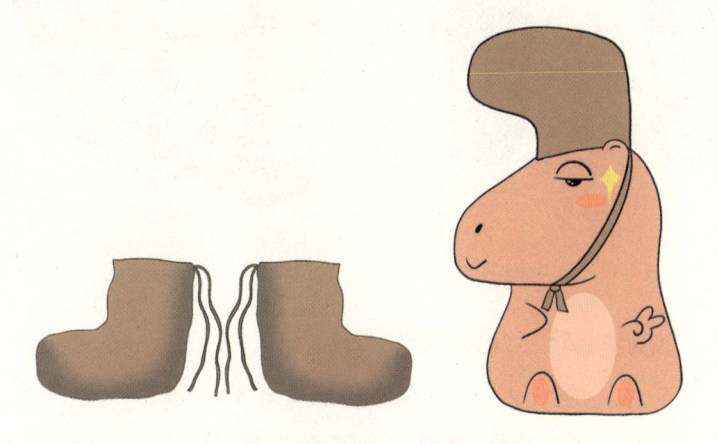

这个是袜子，不是帽子好吗！

后来古人学会了用蚕丝或者一些植物原料来织布，就慢慢有了袜子。

古人的袜子没有弹性，必须用两根带子，像系鞋带一样绑起来，免得袜子掉了。

### 说明书3：草鞋

把一些植物敲打得松软一点，然后搓成草绳，就能编织成草鞋。

三国时的蜀国皇帝刘备，早年就是靠卖草鞋来生活的。

送给我做草船好吗？

草鞋

### 说明书4："高跟鞋"

并不是现代人才有高跟鞋，清朝时，满族女性会穿一种叫"花盆底"的高跟鞋。还有鞋跟长得像元宝，叫"元宝底"。

小补充：元宝是古代的一种钱，用黄金或者白银做成。

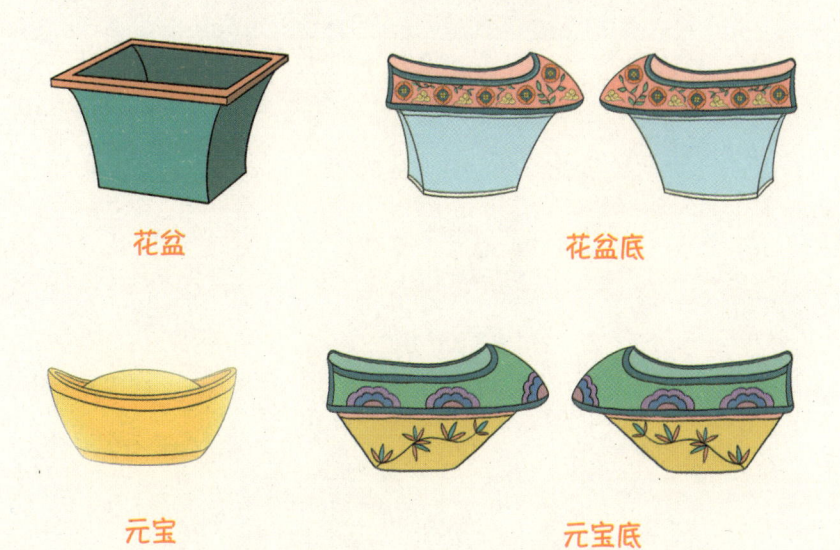

花盆　　　　　　花盆底

元宝　　　　　　元宝底